国家出版基金项目
NATIONAL PUBLICATION FOUNDATION

U0588766

记住乡愁

——留给孩子们的中国民俗文化

刘魁立◎主编

第十辑 民间信俗辑

本辑主编 黄景春

关公

马光亭◎编著

黑龙江少年儿童出版社

编委会

序

亲爱的小读者们，身为中国人，你们了解中华民族的民俗文化吗？如果有所了解的话，你们又了解多少呢？

或许，你们认为熟知那些过去的事情是大人们的事，我们小孩儿不容易弄懂，也没必要弄懂那些事情。

其实，传统民俗文化的内涵极为丰富，它既不神秘也不深奥，与每个人的关系十分密切，它随时随地围绕在我们身边，贯穿于整个人生的每一天。

中华民族有很多传统节日，每逢节日都有一些传统民俗文化活动，比如端午节吃粽子，听大人们讲屈原为国为民愤投汨罗江的故事；八月中秋望着圆圆的明月，遐想嫦娥奔月、吴刚伐桂的传说，等等。

我国是一个统一的多民族国家，有56个民族，每个民族都有丰富多彩的文化和风俗习惯，这些不同民族的民俗文化共同构筑了中国民俗文化。或许你们听说过藏族长篇史诗《格萨尔王传》

中格萨尔王的英雄气概、蒙古族智慧的化身——巴拉根仓的机智与诙谐、维吾尔族世界闻名的智者——阿凡提的睿智与幽默、壮族歌仙刘三姐的聪慧机敏与歌如泉涌……如果这些你们都有所了解，那就说明你们已经走进了中华民族传统民俗文化的王国。

你们也许看过京剧、木偶戏、皮影戏，看过踩高跷、耍龙灯，欣赏过威风锣鼓，这些都是我们中华民族为世界贡献的艺术珍品。你们或许也欣赏过中国古琴演奏，那是中华文化中的瑰宝。1977年9月5日美国发射的“旅行者1号”探测器上所载的向外太空传达人类声音的金光盘上面，就录制了我国古琴大师管平湖演奏的中国古琴名曲——《流水》。

北京天安门东西两侧设有太庙和社稷坛，那是旧时皇帝举行仪式祭祀祖先和祭祀谷神及土地的地方。另外，在北京城的南北东西四个方位建有天坛、地坛、日坛和月坛，这些地方曾经是皇帝率领百官祭拜天、地、日、月的神圣场所。这些仪式活动说明，我们中国人自古就认为自己是自然的组成部分，因而崇信自然、融入自然，与自然和谐相处。

如今民间仍保存的奉祀关公和妈祖的习俗，则体现了中国人崇尚仁义礼智信、进行自我道德教育的意愿，表达了祈望平安顺达和扶危救困的诉求。

小读者们，你们养过蚕宝宝吗？原产于中国的蚕，真称得上伟大的小生物。蚕宝宝的一生从芝麻粒儿大小的蚕卵算起，中间经历蚁蚕、蚕宝宝、结茧吐丝等过程，到破茧成蛾结束，总共四十余天，却能为我们贡献约一千米长的蚕丝。我国历史悠久的养蚕、丝绸织绣技术自西汉“丝绸之路”诞生那天起就成为东方文明的传播者和象征，为促进人类文明的发展做出了不可磨灭的贡献！

小读者们，你们到过烧造瓷器的窑口，见过工匠师傅们拉坯、上釉、烧窑吗？中国是瓷器的故乡，我们的陶瓷技艺同样为人类文明的发展做出了巨大贡献！中国的英文国名“China”，就是由英文“china”（瓷器）一词转义而来的。

中国的历法、二十四节气、珠算、中医知识体系，都是中华民族传统文化宝库中的珍品。

让我们深感骄傲的中国传统民俗文化博大精深、丰富多彩，课本中的内容是难以囊括的。每向这个领域多迈进一步，你们对历史的认知、对人生的感悟、对生活的热爱与奋斗就会更进一分。

作为中国人，无论你身在何处，那与生俱来的充满民族文化DNA的血液将伴随你的一生，乡音难改，乡情难忘，乡愁恒久。这是你的根，这是你的魂，这种民族文化的传统体现在你身上，是你身份的标识，也是我们作为中国人彼此认同的依据，它作为一种凝聚的力量，把我们整个中华民族大家庭紧紧地联系在一起。

《记住乡愁——留给孩子们的中国民俗文化》丛书，为小读者们全面介绍了传统民俗文化的丰富内容：包括民间史诗传说故事、传统民间节日、民间信仰、礼仪习俗、民间游戏、中国古代建筑技艺、民间手工艺……

各辑的主编、各册的作者，都是相关领域的专家。他们以适合儿童的文笔，选配大量图片，简约精当地介绍每一个专题，希望小读者们读来兴趣盎然、收获颇丰。

在你们阅读的过程中，也许你们的长辈会向你们说起他们曾经的往事，讲讲他们的“乡愁”。那时，你们也许会觉得生活充满了意趣。希望这套丛书能使你们更加珍爱中国的传统民俗文化，让你们为生为中国人而自豪，长大后为中华民族的伟大复兴做出自己的贡献！

亲爱的小读者们，祝你们健康快乐！

刘魁立

二〇一七年十二月

目录

关公一生的真假故事

关公一生的真假故事

为了说清关公的成神之路，咱们得先从真人关羽开始聊。由陈寿所著的《三国志》是一本真实严谨的史书，其中记载的可都是关羽的真人真事。咱们先来看看“真人关羽”。

关羽，字云长，东汉末年河东解县（今山西临猗西南）人。因在家乡犯下一桩命案，所以“亡命奔涿郡”，也就是从解县逃命到了涿郡。随后，他和张飞追随刘备，三人一起打拼天下。刘备是汉朝宗室的后裔，但对待关羽和张飞就像亲兄弟，白天一起吃饭，晚上睡在一张床上。正因如此，才有了后来《三国演义》中的“桃园三结义”。“桃园三结义”的故事讲的是刘备、关羽、张飞三人在桃园结拜兄弟，刘备是大哥，关羽是二哥，张飞是三弟。三个不同姓的人在结拜仪式上发誓：“不求同年同月同日生，但求同

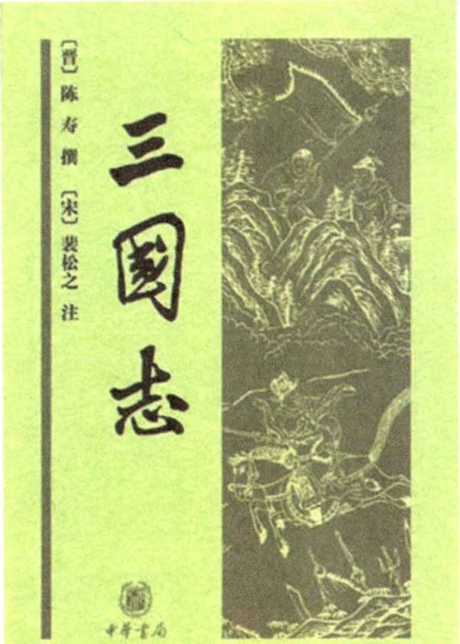

三国志

桃园三结义塑像
黄景春 摄

年同月同日死。皇天后土，实鉴此心，背义忘恩，天人共戮。”

关羽一生中真实的故事有：万军中斩颜良（白马斩良）、忠义封金谢别曹操、刮骨疗毒、水淹七军等。

建安五年（200年），曹操打败刘备，刘备逃奔袁绍，关羽被俘。虽然被俘，关羽既没被杀，也没受伤害。曹操还拜关羽为偏将军，给他很好的礼遇。曹操太爱惜关羽这个人才了，视若至宝。可惜的是，曹操慢慢发现关羽并不想一直留在曹营，于是，曹操派和关羽个人关系很好的张辽去打探关羽的真实想法。关羽很真诚地向张辽说了自己的打算：他对曹操的厚待很感动，但是刘备对他有厚恩，他们结义时发过誓，背义忘恩天人共戮，因此不能背叛刘备。而且，他不会一直留在曹营，等到他为曹操在战场上立下汗马功劳，报答完曹操以后就会离开。张辽将关羽的话如实地汇报给曹操，曹操不但没有加害关羽，而且还赞不绝口："事君不忘其本，天下义士也。"夸他忠君不忘本，是天下难得的忠义之士！

不久，袁绍著名的大将颜良带兵围攻曹操的属地白马，曹操命张辽和关羽为先锋迎战颜良。关羽远远看清颜良的大将伞盖，确定他的位置和身份，随后策马直入袁绍的万军之中，一刀刺死颜良，斩下颜良的人头带回曹营。由此，关羽替曹军

山西解州关帝庙的结义园牌楼

黄景春 摄

解了白马之围，也算是报答了曹操的礼遇，曹操则将关羽封为汉寿亭侯。“汉寿亭侯”是关羽的第一个封号与爵位，以后还有好多呢！

关羽斩颜良、解白马之围以后，兑现了自己说的立功报恩。曹操知道关羽去意已决，就赏赐了关羽很多黄金。关羽义薄云天，将这些黄金都封起来留在曹营，向曹操拜奉告辞的书信，骑马奔刘备投靠的袁绍军队而去。这就是“封金挂印”说法的由来。“挂印”就是辞去官职，在《三国演义》中有关羽将汉寿亭侯的官印“悬于堂中”（把官印挂起来）的描写。当时，曹操的手下怕留下后患，想追杀关羽，但曹操拦住了他们，说不要追了，人都是各为其主。当我们在赞许关羽忠义的同时，也应该称赞曹操的大度与胸怀。

后来，刘备建立蜀国，与曹操的魏国、孙权的吴国三国鼎立。刘备特别委派关羽镇守荆州，因为荆州地理位置非常险要，是魏、吴两国都垂涎欲滴的兵家重地。可以看出，刘备是非常信赖关羽的。关羽镇守荆州，把荆州治理得井井有条。吴国的吕蒙和陆逊在偷袭荆州前，就曾经讨论说：“羽勇猛，既难为敌，且已据荆州，恩信大行，兼始有功，胆气益盛，未易图也。”意思是说关羽勇猛，而且治理荆州有方，很得民心，英气逼人，所以不容易攻下啊！

有一次，关羽在战场上被流箭射穿了左胳膊。后来，伤口虽然愈合，但每逢阴雨天，胳膊就疼痛异常。医生看过之后说，这是因为箭上有毒，毒已经侵到骨头里了，必须把胳膊切开，用刀把骨头上的毒刮掉，这个伤病才能除根。关羽二话没说，毫无惧色，直接把胳膊伸过去，让医生用刀割开胳膊。当时，关羽正请将士们喝酒。医生开始刮骨，那时候没有麻醉药！关羽的胳膊血流不止，接血的盆子已经满了，可是关羽依然一边吃肉一边喝酒，谈笑自如。这就是著名的“刮骨疗毒”的故事。后来在《三国演义》中看病的医生变成了神医华佗。

建安二十四年(219年)，关羽率军攻打曹仁据守的樊城。正值秋雨大作，洪水泛滥，于禁带领的七军被水淹没，于禁投降，庞德坚决不降被斩。附近地区的其他队伍也纷纷加入关羽大军。从此，关羽威震华夏。虽说水淹七军的胜利很大程度上取决于连降大雨，但关羽能看准时机，有勇有谋，从而取得“降于禁，斩庞德”的战果。在围攻樊城的同时，关羽召集陆浑等地几支反对曹操的地方武装，扰乱曹军都城许昌地区，曹操慌了，急着和臣子商量是否把都城从许昌迁走。

在历史上，曾有人评价关羽骄傲、自负，这应从《三国志》记载的一件事说起。诸葛亮是一个极聪明的人，他很会投其所好。马超投降蜀国以后，关羽写信给诸葛亮，询问马超这个人怎么样，能和谁相比。诸葛亮

［明］《关羽擒将图》　商喜　绘画

回信说，马超文武全才，雄烈过人，一世之杰，可与汉朝初年的黥布（即英布）、彭越相比，当今应当和张飞旗鼓相当。不过，虽然如此厉害，还是不及您美髯公（因关羽的胡须造型很美，所以被称为美髯公）。关羽看后非常高兴，把信拿出来给在座的宾客看。有人认为关羽是在炫耀，而且是一个自负又骄傲的人。《三国志》的作者陈寿曾评价关羽“羽善待卒伍而骄于士大夫”，也就是说关羽对自己带的军队兵将很好，但是瞧不上文人士大夫的做派，这可能是古往今来武官的通病吧。其实，诸葛亮并不是完全在吹嘘关羽，关羽不仅英勇过人，而且还喜读《春秋》《左传》，对其中的内容出口成诵，确实能文能武。

后来，吴国的陆逊利用关羽自负、骄傲的弱点，给他写了两封极尽赞美称颂的信，给关羽留下了陆逊很谦卑的印象。如此一来，关羽不再像从前那样对吴国充满防范，决定减少防备吴国的兵力，转而北攻魏国的樊城。陆逊的谦卑示好使得关羽大意而失去了荆州。

当关羽威震华夏之时，

也是他的悲剧到来之日。曹操的部下蒋济献计说，关羽现在春风得意，孙权一定会心有顾虑，可以派人劝说孙权，在关羽部队后方袭击，这样的话，关羽必定撤军，樊城之围自然就解了。曹操采纳了这个建议。当吴国从背后偷袭占领荆州的时候，曹操派徐晃到樊城救援曹仁，关羽首尾受敌，只能退兵南走。可怜可叹一代英雄关羽，还没回师荆州，荆州地区的原部下被孙权收买早已投降，无心跟随关羽再战。面对军心瓦解的局面，关羽真是英雄末路，只能往刘备所在的益州逃去。这一路上不少官兵又投降了孙权，关羽身边只剩下几个亲近的人，万般无奈之下，关羽只好假装投降，以此来迷惑孙权，再行逃脱之路。只是关羽的诈降被识破，吴国派兵埋伏在关羽的必经之路临沮，一举俘获并斩杀了关羽和他的儿子关平。因为怕刘备、张飞由此记恨吴国，孙权派人把关羽的人头送给曹操，表明他是奉曹操之命出兵的，以此转嫁蜀国的仇恨，并将关羽的尸身以诸侯之礼厚葬于当阳。曹操明白孙权的用心，不想过分得罪刘备，便以诸侯之礼将关羽的人头厚葬在洛阳。这就是为什么关羽在当阳有墓、在洛阳有陵的原因。

关羽死后若干年，刘备的儿子刘禅继位，追封关羽为“壮缪侯”（谥号，人死后依其生前行迹而为之所立的称号），关羽的次子关兴继承父业。因当年关羽水淹七军时斩杀了庞德，后来庞德的儿子庞会攻破蜀国时，“尽灭关氏家”——把关羽家族杀光。

其实，在《三国志》等史书中并没有关羽出生时间的记载，但是最晚到金朝，民间已经有了农历五月十三日是关羽生日的说法。可见，后世的很多资料都是随着关羽的造神运动一起登场的。其中，最有名的是明朝罗贯中创作的历史小说《三国演义》。其实，我们绝大多数人也都是通过《三国演义》来了解三国知识的。《三国演义》虽然成书于明代，但其中很多情节都是借鉴、吸收了从东汉到明朝的民间传说、平话、杂剧、戏曲等。为了美化、神化关羽，《三国演义》在真人关羽的基础上，又新编了更多的传奇故事，下面举几个例子。

1. 义赴涿郡

《三国志》关于关羽早年的情况仅一句：“亡命奔涿郡”，即出了人命，逃到涿郡。至于为什么要“亡命”则没有交代。在《三国演义》里，关羽是因杀死家乡的恶霸、仗义除害才亡命天涯的。这样，“亡命涿郡”就变成了“义赴涿郡”。

2. 温酒斩华雄

《三国演义》第5回说的是董卓大权在握，袁绍、曹操等人组成的关东十八路诸侯共同讨伐董卓。董卓手下大将华雄骁勇善战，连斩了潘凤等数位大将。正当大家不知所措的时候，关羽主动请战华雄。战前刚热好一壶酒还没来得及喝，关羽就飞身上马，提着他的青龙偃月刀出战。在营寨中等待的众诸侯“听得关外鼓声大振，喊声大举，如天催地塌，岳撼山崩，众皆失惊。正欲探听，鸾铃响处，马到中军，云长提华雄之头，掷于地上。其酒尚温”。众诸侯还没弄明白怎么回事儿，关羽已将华雄的项上人头扔在地上。这个时候，热好的酒还温着呢，从此关羽名震诸侯。但是，这被称作关云长“威震乾坤第一功”的“温酒斩华雄”是虚构的。据《三国志》记载，历史上确有华雄其人，但一刀砍下他头颅的是江东猛虎孙坚，而不是关羽。

上海嘉定留云禅寺伽蓝殿内供奉的关公
黄景春 摄

3.降汉不降曹，土山三约

“降汉不降曹”，也就是《三国演义》第25回中的“土山三约”。曹操东征徐州，关羽被围困在下邳的土山。张辽上山劝降，他说如果关羽为忠义而死将有三罪：桃园结义时发誓要共生死，你这是弃兄独死，有负生死之约；两位夫人无所依赖；不能帮助刘备共扶汉室。接着，张辽又说如果降曹，则有三便：一者可保两位夫人，二者不背桃园之约，三者可留有用之身。关羽被说动了，但提出“三约”作为投降条件：一、只降汉帝，不降曹操；二、给予两位夫人应有的优厚待遇；三、一旦得知刘备去向，不管千里万里，也要辞奔而去。这三条缺一条也不降。曹操应允后，关羽又征得糜夫人、甘夫人同意，方才降曹。“土山三约”让读者也认为关羽不得不投降，而且这个投降是为了更高境界的忠义责任。

4. 诛文丑

斩颜良、诛文丑是表现关羽神勇的重头戏，但实际上，关羽虽然斩了颜良，却并未诛文丑。文丑是被曹军所杀。《三国演义》先描写文丑力敌张辽、徐晃二将的悍勇，再由关公出场，飞马提刀诛杀文丑，可谓神勇第一！

5. 义释曹操

《三国演义》第50回写道：赤壁之战，火烧曹军八十万，曹操率残兵逃到华容道，不料一声炮响，关云长手提青龙刀，骑着赤兔马截住去路，只吓得曹军魂飞魄散。曹操为保性命，跟关羽重提当初如何礼遇关羽的种种。关云长义重如山，长叹一声，放走曹军。看到此处，鲁迅先生也赞叹不已，“写华容道上放曹操一节，则义勇之气可掬，如见其人”(《中国小说的历史变迁》)。关羽在华容道放走曹操是宋元以来众所周知的故事，然而这是虚构的。事实是曹操确实从华容道逃走，一路上伤亡惨重，差点儿被刘备放火烧死。

6. 单刀赴会

《三国演义》第66回“关云长单刀赴会”在《三国志平话》等基础上进一步造神：孙权跟刘备讨要荆州，刘备不还。鲁肃设下一计，请关羽到东吴赴宴，当面讨回。如果关羽不答应，就在宴席上杀了他；如果关羽不来，可以发兵夺回。关羽接到邀请一口答应，英雄虎胆，只带随从周仓单刀赴会。酒席宴上，鲁肃提出归还荆州，关羽不答，只待看准时机，拿起大刀，挽住鲁肃的手，直奔江边，见接应船只靠岸，才放开被吓坏了的鲁肃，上船安然离去。

元代讲史话本《三国志平话》中的这一段更精彩：鲁肃率万人过江，请关羽单刀赴会。关云长明知机巧，仍无所畏惧，衣甲全无，腰悬单刀一口，径赴鲁肃军营。鲁肃甲士三千，将军们还都挂着护心镜。茶饭，进酒，奏乐，一连三次，笛声不响，鲁肃叫“宫商角徵羽”（我国五声音阶中五个不同音的名称），又说“羽不鸣”，说了三次，表面上是说羽声没有吹响，实际上是说关羽不明事理。关羽大怒，揪住鲁肃的护心镜，说：“你说‘羽不明’，我叫你‘镜’先破。”“镜”指护心镜，也是指鲁子敬的“敬”，吓得鲁肃连称“不敢”，关羽才饶他性命，上马回荆州。

历史上，单刀赴会确有其事，只是那位真正的虎胆英雄恰恰是鲁肃。

7. 水淹七军

《三国演义》第74回写关羽看到连日大雨，便忽生奇谋，派人堵住各处水口，待江水涨起，放水一淹，曹军都成了水中的龟鳖。事实是关羽并没有主动堵住水口，只是大雨来得太凶猛。

此外，还有关羽“千里走单骑”的故事。讲的是关羽得知刘备下落，单人匹马保护二位皇嫂，过五关斩六将、千里寻兄等情节。可以说《三国演义》既是让关羽成神的极强利器，也是关羽造神运动的结果。关羽从人成为神有很多的原因，其中，最重要的还是关羽自身的魅力。

成神还需自身硬

成神还需自身硬

一个人如果在哪方面有过人之处，我们会很佩服他，有时还会喊一声“大神”！如果在班级里哪位同学学习特别好，同学们会叫他“学霸”。如果是学霸中的学霸呢，同学们会叫他“学神”。这种在某一方面能力特别强的人，往往被视为“神”一样的存在。我们对超过一般能力的人都会有崇拜之心。

单纯有一个方面过人，还不足以成神。关公是在忠、义、勇三方面都有过人之处，在中国人最看重的几个方面都好到极致了，被作为“忠绝”“义绝”“勇绝”的代表，因此得到了大多数中国人的崇拜。这是关公成神首先必备的内在条件啊！

关羽最首要的成神条件就是“忠”。什么是“忠”呢？我们看，忠字上边是“中”，下边是“心”，是存心居中，一心一意。《忠经·天地神明章第一》中说：“天下至德，莫大乎忠。”也就是说，忠是一条心地对待人、对待事。在中国古代社会，尤其强调臣民对君王、国家的“忠”，即一心一意地对待君王。关羽就是一条心地忠于刘备，他的忠心让曹操都赞叹不已。关羽首先忠于“君”，其次是忠于“兄弟”之情。当然，关羽的忠君是首位的，所以，历代以来的统治者都极其推崇关羽。不管是高坐在金銮殿上的皇帝，还是呼啸山林的黑帮老大，都希望自己的手下能和自己一条心，不背叛自己，因此关羽很容易从众神中脱颖而出。

如果只有“勇”没有“忠”，再神武的人也成不了神。我们看一个反面的例子“吕布”。中国有句古话，“人中吕布，马中赤兔”，意思是吕布在人中是一等一的，赤兔马在骏马中是一等一的。三国时代，吕布可以说是天下第一的武将。在虎牢关，“三英战吕布”说的是刘备、关羽、张飞三比一战吕布，也只是平手啊。那为什么吕布不能成神呢？因为他这个人不忠不义，尤其是不“忠”。最初，吕布跟随丁原，而且称丁原为“义父”，可是他后来见利忘义，杀了丁原，拿着丁原的人头作为献给董卓的敲门砖。丁原一是君主，二是义父，吕布都可以杀掉，可见他是反复无常、没有做人底线的小人。随后，吕布跟随董卓，并认董卓为义父，但为了抢夺大美女貂蝉，再次诛杀董卓。随后，又企图投靠袁术等人。怪不得张飞很瞧不起吕布，痛骂他是“三姓家奴”！

“义”，主要指的是“义气”，是朋友、兄弟间的情谊、互帮互爱，为了情谊甘愿替别人承担风险或自我牺牲的气度，是对朋友的一心一意。义气可说是关羽最迷人之处。有义气的人朋友多，因为和他在一起不用怕被害，或者怕被占便宜、被欺负，有义气的人愿意为朋友做任何事，正所谓“为朋友两肋插刀”。谁不想要这样的朋友呢？说到这里，作者要提醒各位，和朋友互相帮助是对的，但是也要有原则，违法的事情不能做啊！

关羽对兄弟的义气就不需多言了，只说对待曹操这个敌国君主吧，关羽也做到了“义”，即在华容道义释曹操。虽然从蜀国的角度来说，关羽的做法其实是不忠的，世人却赞不绝口，甚至称关羽是“义薄云天”“义高千古”！

上海浦东财神庙内的关公
黄景春　摄

再说“勇”。“勇”既指的是勇敢，有胆量；又特别强调勇猛、勇力，也就是能带兵打仗，勇冠三军，武艺胆识都超级高。对于非常勇猛的人，我们称之为英勇；那么英勇中的英勇呢，我们就称之为“神勇”。关羽万军之中斩颜良，水淹七军，被人誉为“万人敌”，如有神力，真可谓神勇！作为一国之君，都盼望有神勇的武将南征北战，抵御外强，保家卫国。作为普通老百姓，也一样盼望着有神力的关羽能保护自己和家园。

总而言之，汇集忠绝、义绝、勇绝于一身的关羽当之无愧是国家、民族、家园的保护神。

大家一起来造神

大家一起来造神

忠、义、勇集于一身，又会产生“神”的超能感，所以忠、义、神、勇是关羽成神的精髓，真正将关羽用泥块儿、用彩涂塑成神像的也恰恰是最需要、最渴望这四个方面的人们。关羽的神像不仅是我们眼睛能看到的，也是人们心中的。而且，把关羽塑造成神的真正材料是千年以来，普通老百姓对关羽忠、义、神、勇的口口相传、赞颂与信仰，是朝廷政府对关羽的大力褒奖，是《三国演义》《三国志平话》等著作及三国戏、关公戏等三国文化的巨大宣传与推动，同时也有佛教、道教等宗教对关羽神性的肯定与宣扬……总之，关羽成为人见人爱、花见花开的神是大家一起打造的。

北京雍和宫唐卡——伽蓝菩萨（关公）

1. 从朴实的民间信仰开始：从鬼到神

据民俗学家、历史学家研究，对于关公的信仰最先发端于以当阳为中心的荆州地区。荆州是关羽长期镇守之地，同时也是他死难、埋葬之所。

蔡东洲、文廷海所著的《关羽崇拜研究》一书提出，最初，荆州民间是把关羽作为“厉”来祭拜的，也就是“祀厉”。“厉”是鬼中的恶鬼，“祀厉”就是敬奉恶神厉鬼。在中国的民间信仰中，鬼分为好鬼、坏鬼，善鬼、恶鬼。什么人死后会成为厉鬼呢？就是那些生前没有得到公平对待，对人间充满怨恨、死不瞑目的人。关羽水淹七军，威震华夏，马上要成就大业之时，却被孙权等人背后偷袭，致使千秋功业毁于一旦。千秋功业被破坏的千秋之恨怎么能消除呢？荆州地区的百姓为了平息关羽的怨怒，就好好供奉关羽，以求关羽鬼魂不要加害他们。人鬼和平共处，这是老百姓心中最朴实的信仰。

在唐宋文献中，还残留着关羽的厉鬼形象。范摅在《云溪友议》中曾经提到，关羽死后在荆州玉泉祠被供奉。他的鬼魂对荆州地区的百姓要求很严格，谁犯了错就要重罚，即便在厨房里偷吃了一口，偷吃者脸上会立刻留下一个很大的巴掌印儿，这个掌痕过几天会越来越明显。而且，如果有人敢对关羽不敬，长蛇毒兽立刻会跟在那人的身后，不敬关羽的人随时会被毒咬。荆州的老百姓对关羽可说是又敬又怕。孙光宪《北梦琐言》记载，唐朝末期关中地区，关三郎（民俗学家认为就是关羽）

带鬼兵入城，家家吓得胆战心惊，关三郎甚至被称为“关妖”。

随着关羽死去的年代越发久远，人们对关羽怒死带来的恐惧逐渐变淡，关羽身上的鬼怨之气也逐渐脱尽，他忠义、神勇的英雄形象后来居上，并升华为驱逐鬼怪、保护一方的地方神。唐朝中后期，关羽在荆州地区的保护神功能日益扩展，连当地的农业生产好坏、庄稼丰收也要保护。唐朝董侹的《荆南节度使江陵尹裴公重修玉泉关庙记》说：“生为英贤，殁为神灵，所寄此山之下，邦之兴废，岁之丰荒，于是乎系。”到北宋中期，在荆州之外的江淮一带也普遍信奉关羽，荆州地区更是“家置一祠”。也就是几乎每家都要供奉关羽，并且他们特别诚心，就算是父亲和儿子在家里说话，感到话中可能有关羽不喜欢的，也得赶快停住，就怕关羽知道。宋朝李汉杰的《汉寿亭侯庙记》记载：“迄今江淮之间，尊其庙像，尤以为神。”到宋元时期，关羽忠义、神勇的高大形象已经从荆州走向全国。

到明朝的《三国演义》一书中，关羽已经多次如天神一般地“显圣”了，只要是在关羽生前害过他的人，都没有好下场，遭到了不同程度的报应。比如书中第77回写道，孙权派人将盛着关羽首级的木匣送给曹操。打开木匣，曹操见关公面如平日，和生前一样，就得意地笑着说：“云长公别来无恙！”话音未落，只见关公口开目动，须发皆张，吓得曹操直接惊倒在地，过了很久，曹操才醒过来，对官员大叹一声：“关将军真天神也！”

2. 统治者的巨大推动：“每个国民都是关羽”的皇帝梦

不管哪个朝代的皇帝都有一个梦想，就是自己管辖范围内的人个个都是活关羽。所以，历代统治者都极力表彰、加封关羽，希望通过关羽树立一个天下为忠的榜样。

宋代建立以后，文官儒士的力量非常强大，他们从五代十国的混乱中吸取教训，极力倡导忠君、节义。作为忠义化身的关羽自然成了朝廷和儒家文人重点打造的对象，关羽在宋代被大幅度地神化。

由于宋代重文轻武，为了让关羽能文能武，更加完美，他们着手让关羽这名武将也“文”起来：提大刀的关羽静坐下来，头顶绿色夫子盔，身着绿色袍，一手梳理长须，一手执《春秋》，变身成一个“文化人”。

作为朝廷、儒家文人推崇的忠义表率，从宋朝开始，关羽得到国家级的封号而成为“正神”。在这之前，他在国家祀典中并没有什么地位，只是在武成王庙配享。配享就是在主神（主神是姜子牙）周围供奉的其他神。也就是说，关羽虽有一席之地，但却是不显眼的小神。

关羽被加封，是得益于当时流传的一个民间传说——“解州平妖”。“解州平妖”最早见于宋元时期的《大宋宣和遗事》说。宋朝崇宁年间，解州境内出现了一条蛟龙，据说这条蛟龙是蚩尤的化身，蛟龙在当地的盐池作祟，为害百姓，张天师作法制住恶龙。宋徽宗问张天师，是何方神圣帮助他除妖的，特别想见见这位神圣。结果，关羽便显灵了。说到盐的重要性，老百姓可一天也离不开它，而且解州盐池是北方的著名产盐之地，所以，赶走作恶的蛟龙，让老百姓有盐吃，这可是大功一件啊！

宋徽宗崇宁元年（1102年）封关羽为“忠惠公”，大观二年（1108年）进封“武

上海大境阁内的关公夜读《春秋》

黄景春　摄

安王”。关羽本为汉寿这个地方的亭侯，一个级别不高的小地方官，通过宋徽宗的加封成为“公”“王”，连升数级，迈出了由人到神的关键一步，被宋朝编入《正祠录》，成为国家崇奉的正神。从此以后就不能再直呼关羽其名了，而必须敬称为“关公”“关王”。

激励“忠义”是历代皇帝加封关公的不倒旗帜。南宋时关公又得到两次加封：第一次是建炎二年（1128年），高宗敕封“壮缪武安王”。第二次是孝宗淳熙十五年（1188年）加封为“义勇壮缪武安英济王”。

特别有趣的是，宋朝皇帝拜求关公护佑是为了对抗南侵的蒙古人。可是，蒙古人入主中原后，也开始加封关公。元朝文宗天历元年（1328年）加封汉将军关公为“显灵威勇武安英济王”。

到了明朝，统治者们也看中了关公的忠义精神。不仅如此，还出现了很多关公作为战神和保护神显灵救护官军、保卫城池、抗击倭寇的传说。如万历《新修余姚县志》记载：“曩岁倭奴寇姚，猝尔几陷，祷于公庙，卒以却敌。”意思是往年倭寇突然侵犯余姚，情势危急，差点儿被攻陷，幸亏到关公庙祷告，最后打退倭寇。再如，大臣潘季驯主持治理淮河的时候，发生了重大险情，据他说，因得到关公神佑才化险为夷，治河工程也圆满成功。为此，关公的地位在明朝获得了空前的提升。

明神宗于万历六年（1578

年）加封关公“协天护国忠义大帝”尊号。这样，关公由王提升到“帝”，老百姓开始称他“关帝”或“关帝爷”。万历四十二年（1614年），朝廷再次加封关公为“三界伏魔大帝神威远震天尊关圣帝君”，在“帝”之前又加了一个“圣”字，可以说，关公的地位在神界已经高得无以复加了。在人间，只有万世师表的孔子才能被称为“圣”，关公作为“武圣”，与孔子“文圣”齐名。

除封号之外，朝廷还在全国范围内到处建造关庙，并且建立了官方祭拜关公的规定与制度。也就是说，对关公祭祀有固定的时间，有固定的官员与祭品。而且，随着关公的封号不断升级，祭礼更加隆重，祭祀的次数也由过去的6次增加到25次。

到清朝，对关公的崇拜达到顶峰。清太祖努尔哈赤和清太宗皇太极酷爱《三国演义》，把它作为学习政治、军事谋略的教科书。清朝王嵩儒在《掌固零拾》中说：“本朝入关之先，以翻译《三国演义》为兵略，故其崇拜关羽。”

而且，清朝统治者攻占锦州等多次战役都有关公显灵助战的传说。何刚德《客座偶谈》说：“有清入关，战时，每显灵助战。”他们认为，与明朝的战斗之所以能连战连捷，都是关圣帝君在冥冥之中佑助的结果。所以，皇太极下令在沈阳北门（地载门）建了一座“关帝庙”，并亲自题额“义高千古”。到清军入主北京以后，对关公的崇奉达到了登峰造极、史无前例的地步。

顺治九年（1652年）四月，敕封关公为“忠义神武关圣大帝”，顺治皇帝为重修的关帝庙亲自撰写碑文。之后，雍正皇帝、乾隆皇帝都曾亲自撰写关庙碑文。这真是至高的地位了！后来，清朝政府把平定叛乱、统一新疆以及镇压太平天国、白莲教起义成功，都看作关帝爷保佑的结果，所以，一再追加关公的封号。到光绪五年（1879年），关公的封号已经到了26个字：“忠义神武灵佑仁勇威显护国保民精诚绥靖翊赞宣德关圣帝君”。自古至今，字数这么多、规格这么高的封号是不常有的，因为封号字数太多，关帝庙匾额上的字写了两排！

3. 口头、笔头力量大，三国文化让他忠义之名遍天下

一千多年前，认字的人很少，老百姓都是通过口头讲故事来传承古老的记忆。在民间，有很多关公出生、显圣的传说，这些传说把关公说成是神龙转世，或是炎帝下凡，大量的显灵故事更把关公说得神乎其神。其实，越是最朴实的民间信仰，越是支撑关公成神的最坚实的基础。

后来，文人把传说加工润色，用笔头创作记录下来，形成了更广泛的传播。前文所说的《三国演义》在关公造神运动中就起了重大的作用。清代王侃在《江州笔谈》中说：“《三国演义》可以

通之妇孺，今天下无不知有关忠义者，演义之功也。”这话说得很对，像关公这样的忠义之神之所以能天下尽知，实在是《三国演义》的功劳啊。另外，像宋元时期盛行的平话、皮影戏、戏剧、小说等等，与《三国演义》相呼应，通过口头、笔头的力量不断美化、神化关公。可以说，不同形式的三国文化在描写关公的时候，都在拼命地塑造他十全十美、绝对高大上的形象，这些文学艺术作品的影响力太大了，以至于人们都认为它们描写的关公才是真实的。除了专家学者，很少有人知道作为史书的《三国志》。

正因如此，人们在一千多年的时间里，通过口头、笔头共同打造了一个千古的

| 陕西周至财神文化园内的关帝 |

黄景春　摄

口碑英雄，也是千古的忠义之神。

上海玉佛寺伽蓝殿的关公
黄景春　摄

最后，还要说一下，在造神过程中，佛教、道教纷纷抢着将关公拉入自己的神灵队伍，或成为佛教的佛，或成为道教的天尊。这既是对关公信仰的利用和改造，也直接将关公推到了神的行列，是直接造神了。历数关公的成神之路，有一副对联概括得很全面——“汉封侯，宋封王，明封大帝；儒称圣，释称佛，道称天尊”。

关公神像的定妆：面如重枣

关公神像的定妆：面如重枣

今天我们在电影、戏剧、寺庙中看到的关公形象可谓英武：面如重枣而多须髯，丹凤眼，卧蚕眉，唇若涂朱，一手执《春秋》，一手梳理长须。身旁还有关平捧印，周仓扛着青龙偃月刀，或有坐骑赤兔马。

这可不是关羽留下的真容，那时候还没有照相机，这是经过长时间的演变才定型、定妆出了这样一个形象。

关公的脸“面如重枣”，什么叫“重枣”？重枣，即深暗红色的枣子，常用以形容人的脸色。如果说关公的脸色仅仅发红，但是很干巴，就像老干巴枣，这好看吗？学者刘洪强指出，“重枣”，其实是“挣枣”。郑光祖的《虎牢关三战吕布》有“家住蒲州是解良，面如挣枣美髯长；青龙宝刀吞兽口，姓关名羽

江苏常州白龙观的关公

黄景春 摄

字云长。”在山东泰安、聊城、新泰等地区，把用酒泡过的枣叫“挣枣”。泡过的枣很红而且饱满，用以形容关公的脸又红又饱满，这样的话，他神勇的形象才更完美。

再说关公的大刀。其实，从《三国志》关羽万军之中“刺”颜良的记载来看，关羽最初或者用剑，或者用枪。“刺”是用剑和枪的动作。唐朝郎士元的诗作中有“一剑万人敌”的说法，看来，关羽用的武器是剑。到了宋代，关公开始使用大刀。直到《三国演义》才正式给这口大刀定名为“青龙偃月刀”，一经定名，青龙偃月刀就在关公祠庙中和考古发掘中出现了。可见，很多所谓的考古发现都是后来新造的。

赤兔马，本来归吕布所有。史书《三国志》中，并没有提到关羽骑过此马。但在元代流传的三国故事里，关云长的坐骑成了赤兔马。杂剧作家马致远曾创作《般涉调·耍孩儿》套曲，曲内有一个吝啬鬼，不愿意将自己的马借给别人，宣称“这马知人义，似云长赤兔”。到《三国演义》，吕布被曹操杀死后，他的赤兔马由曹操转赠给了关羽，赤兔马才名正言顺地归了关羽。后来，关羽被杀，赤兔马也悲壮地绝食而亡。真是千古一人，千古一马！

今天所能见到的宋元时期的关公像中，最著名也是最早的一幅是金代印刷中心平阳版刻的“义勇武安王”。

数不清的关公庙

数不清的关公庙

在中国古代，有名的忠烈之士死后，朝廷、老百姓都会为他们建专门的祠庙祭拜，这是非常平常的事。但是，关公的祠庙遍天下，却是天下独一份啊！

据民俗学家、历史学家推测，专门祭拜关公的关庙最早兴建于隋朝或唐朝。如唐德宗贞元十八年董侹的《荆南节度使江陵尹裴公重修玉泉关庙记》明确写着：

山西解州关帝庙崇宁殿
黄景春 摄

山西解州关帝庙正门　　黄景春　摄

山西解州关帝庙正门内侧　　黄景春　摄

“（当阳玉泉）寺西三百步，有蜀将都督荆州事关公遗庙存焉。”看来，唐朝的时候已经有了关公庙。不过，有的历史学家认为成都的关公庙始于三国，说是刘备为关公招魂埋葬的衣冠冢（衣冠冢是将去世之人的衣物埋在墓中。因关羽的头被送到洛阳，身体被埋在了当阳，为了寄托哀思，蜀国人只能将关羽生前的衣服、帽子埋入墓中）。总的来说，隋朝、唐朝的时候，关公庙还比较少。

到宋朝，关公祠庙增加了很多。有的历史学家依据现存宋元文献资料、石刻资料推测，宋元时期关公祠庙遍布中国主要地区，而以燕、赵、荆、楚最多，也就是以关公的家乡山西地区以

山西解州关帝庙咸丰御书“万世人极”
黄景春　摄

河南洛阳关林

河南洛阳关林内关羽陵

及荆州地区的关公庙为最多。

明清统治者因为太崇拜关公，所以不仅在京城建关帝庙予以国家级的祭典，而且还要求“各直省府州县建祠设像，守土官吏时展谒典礼”。即要求地方各级官吏必须兴建关帝庙，而且还得定期祭拜。这个命令很厉害啊！所以，到清朝的时候，关帝庙真就是遍天下了。可以说，从南往北，从东到西，从中原到边疆，关帝庙到处都是。在很多地区，只要有村子，就有关帝庙。虽说孔子贵为文圣，但是敬拜他的文庙只在县城才有，而且敬拜孔子的仅仅限于文人、官员。但关圣人的庙不仅每村都有，而且祭拜的人包括了男女老少各色人等。所以从这个角度来说，关圣人更亲民，也更被民亲，正所谓“孔子祀天下学官，而关帝庙食遍薄海内外”。

河南洛阳关林摆放的青龙偃月刀

黄景春　摄

在遍布天下的关帝庙中，最著名的有三座：一是解州关帝庙，因在关公家乡，所以被看作关公的祖庙，被誉为“武庙之祖”；二是湖北当阳“关陵”庙，位于三国古战场长坂坡下，相传这里埋葬着关公的正身；三是河南洛阳的“关林”，是埋葬关公首级的地方。在中国传统社会，普通老百姓的墓称为坟，王侯之墓称为冢，皇帝之墓称为陵，圣人之墓称为林。在中国，称为林的只有孔林和关林。

五月十三日，关老爷磨刀

五月十三日，关老爷磨刀

有了关公神像，有了供奉关公神像的庙，接下来还得有人来祭拜关帝爷，要不然就是空摆设了。到关庙祭拜关帝爷的时间有定期和不定期两种，不定期的祭拜是遇到灾情、战事等特殊情况的时候，随时举行；至于定期的祭拜，上文说道，官方固定的祭拜时间是一年25次（岁首、春分、秋分等），民间老百姓祭拜大多数地区将时间锁定在农历五月十三日（有的地方是五月二十三日、六月二十四日、九月十三日）。明朝、清朝官方也在五月十三日举行祭祀关羽的各种活动，这在《明史》和《清史稿》的《礼志》中都有记载。直到今天，我国的台湾、香港地区仍然在这一天到关庙举行盛大隆重的祭典，并向关公祈福免灾。其实，五月十三日祭拜关羽的这个时间在宋末元初时就已经确定下来。宋末元初的郝经在其《汉义勇武安王庙碑》中说，“夏五月十有三日、秋九月十有三日，则大为祈赛，整仗盛仪……”即每年五月十三日和九月十三日都要举行盛大的祭祀典礼。

1.为什么是五月十三日

有两种说法。第一种说法是，这一天是关公的生日。明清时，明确以这一天为关公生日。梁章钜《归田琐记》称：“今时以五月十三日为关帝生日。”其实，前文我们说过了，《三国志》中并无关羽生日的记载，而且相传关羽的生日还有其他时间。元朝巴郡胡琦编写的《关羽年谱》首先提出关羽生于汉桓帝延熹三年（160年）六月二十四日。这个说法最初盛行于荆州地区的民间传说中。

第二种说法是，关公在这一天单刀赴会，所以有“五月十三日,关老爷磨刀”的老话。清朝潘荣陛《帝京岁时纪胜》中说：“岁之五月十三日为单刀会，是日多雨。谓天赐磨刀水云。”为了给关老爷准备磨刀水，老天爷赶紧帮忙下雨，所以老百姓都说“大旱不过五月十三”，因为这一天会下磨刀雨。中国是农业国家，种地的农民盼望雨水，五月十三日对于他们来说，还真的是个好日子。

2. 庙会

一个地方的老百姓如果约定好固定的日期去祭拜关公，如五月十三日，那么这一天到关庙的人会特别多。人们来给关老爷磕头、上香，求他保佑平安健康、庄稼丰收、生意兴隆等等。一些地方还有抬着关帝像四处巡游的仪式。到关庙求拜的人多，各种做买卖的小商贩也跟着一起来了。于是，变戏法、杂技、秧歌、戏曲等表演班子也云集而来，寺庙周围越来越热闹，就形成了定期的庙会。人们赶庙会，不仅可以向关老爷求福免灾，而且可以在庙会上好好地玩儿一把，这里有好吃的、好看的、好玩儿的，应有尽有。在观看各种精彩表演的同时，还能买到日常需要的各种商品。

五月十三日，全国大多数关庙都要举行庙会。除此之外，还有云南建水县“祀关帝”，贵州安平县“迎关圣帝君”等活动。另外，相传六月二十四日是关公的受封日，全国不少关庙也举行庙会活动，有一首诗专门描述庙会的盛况：“争将故事演新妆，枷锁高跷亦太狂。赤日烧空人泛蚁，年年六月赛关王。”诗里描写了庙会中极其热闹、狂热的场面。

据民国年间陈果夫和邱培豪所著的《中华国民生活历》（1947 年出版）记载，明清时期北京当地有个风俗，在五月十三日这一天，要往关帝庙进献刀、马。刀必须铁造；马是纸马，装饰精美。进献刀、马时，前面有旗帜开道，并配有喧天的

山西解州关帝庙内青龙偃月刀

黄景春　摄

山西解州关帝庙偏殿内赤兔马 黄景春 摄

锣鼓。这一天，还被称为“走马会”（年少者驰马夺标，或舞大刀，斗胜为乐，名走马会）。年轻的壮小伙骑马飞奔，以能抢到远处的头标为胜。还有的手舞大刀，以比赛斗刀作为娱乐。“走马会”的习俗一直延续到民国时期。

在庙会上，最热闹的当属演戏。给关帝庙献戏，经常一连演三天或四天，而且上演的内容都与关羽有关。

越来越不敢演的关公戏

越来越不敢演的关公戏

因为关公受到老百姓、朝廷的一致追捧，关庙遍及全国，所以在庙会和娱乐场所中表演关公故事的戏越来越多，便形成一个独特的戏种——关公戏。关公戏，也称关戏，是专门演关羽故事的戏，因专门演一个人的故事成为一个戏种，这在中国戏曲史上是绝无仅有的。而且演关公的角色被称为“红生”，这也是中国戏曲中的特例。

1. 关公戏有哪些

看关公戏，往往动人心魄，肝肠寸断。不仅真人扮演的戏曲以假乱真，能达到这种效果，就算皮影戏也一样催人泪下。宋朝张耒的《明道杂志》中就讲了这么一段：“京师有富家子……甚好看弄影戏，每弄至斩关羽，辄为之泣下，嘱弄者且缓之。”说的是京城一位有钱人家的公子特别喜欢看皮影戏，每当演到要斩关羽的时候，就伤心地哭，一边哭还一边要求弄皮影的人慢一点儿演，不忍心看到斩首的一幕。

到元代，元杂剧大约有60种，其中有17种是关公戏。著名的戏剧家关汉卿就写有两部：《关张双赴西蜀梦》《关大王独赴单刀会》。明代以后，出现了一批专门创作关公戏的作家和一批专演关公戏的梨园艺人，关戏大量出现。清代是关公戏创作和演出的高峰，特别是出现了连台的三国戏、关公戏。连台的戏本从关羽《斩熊虎》开始，到《走麦城》而终，多达36出。著名的关公戏剧目有《三结义》《温酒斩华雄》《白马坡》《赠袍赐马》《挂印封金》《过五关》《古城会》《华容道》《战长沙》《单刀赴会》《水淹七军》《刮骨疗伤》《屯土山》《走麦城》等。

2. 关公戏的讲究又多又让人怕

关公是神，所以演关戏必须小心谨慎，人们都相信，如果有对关公不敬的地方，立刻会遭到报应或惩罚。小心谨慎的不仅是演戏之人，还包括看戏之人。时间久了，就形成表演、观看关公戏的特殊讲究与禁忌。

（1）演员必须做和不能做的

演员必须由里到外真心敬关公。扮演关公的人，必须先给关公烧香叩头，然后才能开始化装。化脸的时候很有讲究，有些地方戏种必须在关公的红脸上用笔加勾白色，可以勾成白色眉间线、白眼窝、白鼻线、白唇、白嘴角、白眉，也有在脸颊画上白色卷云图案的。在京剧中，则在脸上的不同部位添加黑痣，一颗或三五颗，甚至多达七颗黑痣。也有的会特意在脸谱上加一黑点或加一条金线，称作“破脸”，表明自己虽扮演关公，但并没有骄傲地自许为关公，因为那是大不敬的，破脸就可以免除大不敬带来的祸事。

另外，还要“顶码子（码子是演员在黄纸上写下关圣帝君的名讳，叠成上边是三角形的牌位，烧香磕头后，把它放在头盔内。演完后用它擦掉脸上的红彩，再把它烧了。烧完了才能说话闲谈），而且演关公的演员一进后台就不说话、不闲谈，以表示对关公的崇敬。”（摘自《京剧长谈》第九章《关公戏的表演艺术》）

中国传统戏剧京剧关公脸谱

恭敬来自人们相信一旦扮好关公的妆容，关公的神灵可能会降临到演员的身上；扮好了关公，就如同关公本人也在这里。清朝著名红生演员米应先（人称“米喜子”）扮演的关公特别逼真，曾被当作关公真人显灵。当他出场的时候，“一位面如重枣，脸有黑痣，凤目长髯的活关公”俨然在眼前，“台下就乱了套，前台有些听戏的官员、平民跪下一片”。后来传得更奇，说每次米喜子演《战长沙》，总看见“关老爷骑马拿刀站在米喜子身后头”。

不仅演员，看戏的观众也得毕恭毕敬。清代焦循在《剧说》中记载：“吾郡江大中丞兰，每于公宴见有扮演关侯者，则拱立致敬。”意思是，地方官员看到扮演关公的演员登场，马上站起作揖致敬。不用说一般的官员了，就算在皇宫中演戏，只要关公一出场，皇帝、后妃们都要起身，离开座位走几步，然后再坐下接着看戏。据说，慈禧太后看到关公上场，也“总是托词起身，回避半刻”，以表示对神明的敬畏与尊重。更有甚者，遇到演出关公戏，干脆不看了，免得亵渎神明。

（2）“麦城”戏不能随便演

因为关公是“帝”、是“圣”，所以有损他形象的戏不能随便演。关帝庙每逢庙会的时候，通常不允许演《败走麦城》，因为关羽就是从麦城（今湖北当阳）败走的路上被俘被杀的。

如果在剧场里演《走麦城》，因为扮演的故事是讲关公失败遇害，所以演出更特别，通常“在台口会摆上大锅酒，点上火，并将大把的香投入，一边烧一边演，烧起的烟甚至使人的脸都变黑了。”（摘自郑黛琼等所著《中国传统剧场之规矩与禁忌》）

清朝末期，上海演关公最棒的演员叫“三麻子”（真名王鸿寿）。三麻子平生最崇拜关羽，戏前戏中戏后都恭恭敬敬。可是，有一年，因为要演《夜走麦城》，戏台被大火烧坏，吓得他再也不敢演这个戏，只演歌颂赞美的关戏了——“甲寅春，九亩地、新舞台，拟令三麻子演《夜走麦城》，不料未及启演，该台已付之一炬。寿亭侯未下降，祝融氏先光临。三麻子大骇却走，遁而之津，从此不敢演此戏……盖以三麻子生平所演之关戏，均其功勋彪炳、忠义奇发之事。”（摘自周剑云所著《三麻子之走麦城》）

王鸿寿饰演关公的剧照

3. 关公戏也被禁演

后来，不仅麦城戏不敢演，就连其他所有的关公戏都不敢演或者禁止演了。上文提到的关公演员米应先虽然很有名气，但他也很害怕，一再强调不应该演关戏。他说：“我这碗饭，全是关老爷赏的。不然凭什么一季挣人家八百吊钱的包银？我敬重关老爷，只算知恩图报，但是关老爷的戏，到底不该唱。我自从扮演他老人家以来，总是害病，简直背了药罐子，大概是亵渎神明之故。关老爷在天之灵，虽不计较这些，他手下的张飞老爷、周仓老爷，都是有火性的，难免不降点儿灾。”（摘自潘镜芙、陈墨香所著《梨园外史》）

虽然关戏禁演，但其他内容的三国戏则可以在全国演出。这么一来，三国戏里面需要关公出场怎么办？清朝人们想的办法是，如果关公必须出场，就由其他角色替代。如以关平代替：“今都中演剧，不扮汉寿亭侯，或演三国传奇有交涉者，即以关将军平代之。”京剧《临江会》是让张飞代替，这样的话，关公的扮演就有了“红演”“黑演”的区分。由角色张飞替代的关公角色就是“黑演”，因为张飞是黑脸汉；如果关公角色本人亮相就是“红演”。在中国戏剧史上这种现象太罕见了，只因为普天下的人们爱关公爱得太深沉！

儒称圣，释称佛，道称天尊

| 儒称圣，释称佛，道称天尊 |

关公的忠义精神不仅曾凝聚起一个朝代的信仰，而且也是聚拢和维持一个行业（同业）、一个地方（同乡），甚至是社会小团体和帮派（同会、同帮）的精神领袖，所以，关公得到了社会大大小小各种团体的供奉。在普通的老百姓层面，大家更看重的是关公的“义气”，因为一个人从家庭里走出来，生活在世上，真是“一个篱笆三个桩、一个好汉三个帮”，需要人与人之间真诚的帮助与坚守的责任。可以说，“义气”是“孝”之外最重要的美德。“孝”仅仅限于对自己家里的长辈，但“义气”却适用于社会中的大多数人。正所谓“在家靠父母，出门靠朋友”，关公的义薄云天凝聚起了家庭之外大小不同的团体。

行业神是某个行业（工作种类）的保护神。一个行业的人借助行业神，能够互帮互助，最为重要的是人们相信行业神会保佑该行业的人平安发财。许多工商业、服务行业都曾把关公敬为“行业神”，如皮革业、成衣业、厨业、烟业、香烛业、池盐业、酱园业、豆腐业、屠宰业、肉铺业、糕点业、酥饼业、干果业、理发业、银钱业、典当业，军政官衙、武师、教育业以及与马骡有关的行业等等。时至今日，在有些饭店里供奉关公也并不是什么稀罕事。

大家可以看到，这些尊关公为行业神的多是开张做买卖的商家，商人的目的在于求财，关公随之成为财神（比干为文财神，关公为武财神）。除了求财，拜关公还因为他的诚信精神。商人如果想要长久地赚钱，必须讲信义，在买卖伙伴、顾客之间以诚取信。另外，商场如战场，一旦投资失败立刻会倾家荡产，所以，商人们也特别需要有诚有信、有神有勇的关公时刻保佑着。

安徽涡阳天静宫财神殿中的关公　黄景春　摄

商人做买卖，经常漂泊在外，见到家乡人会倍感亲切，所谓“老乡见老乡，两眼泪汪汪”。在外经商的同乡人往往建立同乡会馆，如山西人来自关公的故乡，他们在外地开设山西会馆，在会馆中设关庙，通过共同祭拜崇祀关公，“联梓谊”“尊帝即所以笃乡谊也”。“梓谊”“乡谊”就是老乡的感情。要知道在外地生活会很艰难，甚至会被当地人欺负，所以崇祀关公的目的就是增进同乡的感情，互帮互助。除了山西会馆，在大城市中还会有其他的同乡会馆，如旧上海的徽州会馆、宁波会馆等等，这些会馆中也常常立关庙，以求关公的义气诚信将大家紧紧团结在一起。

清朝以后，像白莲教这样的秘密组织、秘密团体反对清朝政府的统治，他们信奉关公，把“义气”作为凝聚小团体的首要品德。白莲教奉关公为伏魔之神，凭借关公的神威吸引了大批白莲教信徒。清政府一看大事不好，马上命人写书攻击白莲教为“邪教”，如沧州知州黄育楩撰写的《破邪详辩》《续刻破邪详辩》，特别申斥白莲教胆敢把关公这位正神奉为邪教之神，“直以世间人所供奉之正神皆提为邪教中之神，以煽惑愚民。愚民无知，误信正神亦习教，遂认邪教为正教，因此从教之人愈众，习教之心愈坚”。

天地会、三合会、哥老会以及四川袍哥等民间组织也供奉关公。天地会用刘、关、张桃园三结义的“义”字来维系内部的团结。天地会“进洪门诗”中有：“桃园结义天下闻，莫作奸心反骨人。你敬肉来我敬骨，胜过同胞骨肉亲。”天地会内部设有忠义堂和关帝庙，正中端坐关圣帝君。

就算不是帮会，只是三五好友相聚一堂，也愿意用桃园三结义来称兄道弟，增进彼此的关系。在20世纪三四十年代，经常会见到一张某啤酒的彩色广告，画面正是刘、关、张“桃园三结义”。

在老百姓的普通生活中，关公还是雨神、伏魔神、医神、司法神，负责下雨、抗灾、医病、驱魔、断案，连科举考试也要祭拜他。明清时期，出现了不少关公显灵帮助考生的传说，其中有一则讲的是，明朝嘉靖年间，有一个学子名叫张春，在临江县的一座禅寺读书。每次他从寺内的关公像前经过，都恭敬地作揖，而且，每月的初一、十五一定到关公像前烧香祷告，求关公保佑科举考试能够高中榜首。有一天，张春看到一群蜜蜂在关公像耳孔内做窝，就冒着被蜇伤的危险，把蜂窝从关公像的耳中端掉。当晚，张春梦见关公来到他的书房，对他说：“你帮我把耳孔内的蜂窝给拿走，我没有什么可以报答的，就为你讲解《春秋》的深意吧。”自此以后，

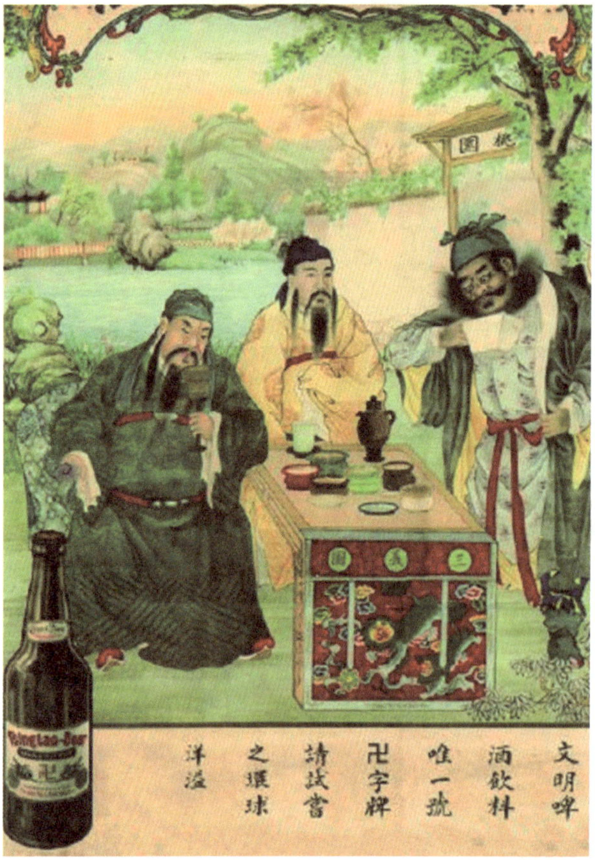

20世纪三四十年代某啤酒广告

每晚梦中关公都来教他，张春的学业突飞猛进。当年参加科场考试时文思泉涌，据说就是关公暗中帮助了他。后来，张春被选入翰林。这个传说好像给考生打了鸡血一样，他们都兴奋不已地抢着到关公像前磕头祭拜，求关公保佑。

说到这里，聪明的你们或许会发现，三国文化散发着满满的男性阳刚气质。虽然妇女孩子都知道三国故事，但最醉心于三国的还是男人，这是一个男人的世界，作为战神、保护神、财神的关公，首先是英武的男神。虽然祭拜关公的人群不分男女，祭拜的原因也多种多样，但是不得不承认关公作为神灵，他是战神和保护神，以及称兄道弟、义气互助的财神与团体神。如果你不信，可以想一想，关公作为神的主要职责为什么不像“送子娘娘”那样，负责保佑妇女得子呢？

虽然关公广受爱戴，但是有一些人却坚决不供奉他，甚至对他大不敬。郑土有的《关公信仰》中就提到，山东省阳信县黄巾寨村以及周围“一溜十八村”的村民就不敬关帝，不建关庙，不演、不看三国戏，和“关夫子”有关的年画、鼓词也在严禁之列，村民不许与刘、关两姓通婚。为什么呢？因为这里是东汉末年黄巾军农民起义的发源地。在村西有一座大土丘，当地村民称之为“黄巾冢”，相传是掩埋黄巾军死难将士的地方。1986 年，在这里挖掘出很多枯骨和鹿角制的号角、铜质或铁质护心镜等文物，应该就是当年黄巾军的埋葬之所。因为在历史上，关羽确确实实曾随刘备镇压过黄巾军起义。英勇的关羽所向披靡，一定杀死不少起义官兵，所以黄巾军的后代把他看作仇人，绝不拜他。

同一个关公，同一个中华

同一个关公，同一个中华

关公信仰随着中国人的脚步迈出国门，渐行渐远，从韩国、日本、东南亚，直到澳大利亚、欧洲、美国，只要有中国人聚居的地方，便有关公信仰的存在。

关公信仰在我国香港、台湾地区长盛不衰，香港有“刘、关、张协会”，也有供奉关公的文武庙。文武庙内供奉武帝关公和文帝文昌帝君，庙内的巨型木雕屏风金匾上写着“神威普佑”四个大字，是光绪皇帝的亲笔所书。每逢农历五月十三日，文武庙都要举行隆重的祭典，对关公各有所求的人们从四面八方来烧香叩头，虔诚敬拜。

河南新乡平原博物院陈列的明代关公像

黄景春　摄

在台湾，关帝庙多得可谓遍地开花。据郑土有先生的《关公信仰》统计，“仅台湾一地关羽庙就有460座之多”，至今仍在继续修建，如台北北投建造的“忠义行天宫”耗资五千多万新台币。在台湾，关公不仅有“伽蓝神”“协天大帝”“伏魔大帝”“关圣帝君”等旧时的称号，还增加了一些新的称号，如“恩主公”“恩主爷”。每逢农历五月十三日，各处抬轿出游，热闹非凡。据统计，现在台湾的关公信徒达到800万，占台湾全省人口的三分之一。

大约在17世纪20年代，关公信仰就已随华侨传到日本。大型的关帝庙最早出现于横滨市。而且，关公信仰与中华会馆紧密地结合在一起。也就是说，只要有中华会馆，就会供奉关公。在韩国、泰国、越南、缅甸、马来西亚、新加坡、菲律宾等东南亚国家的华人社区，关公信仰也十分普遍。19世纪中叶，中国劳工被运到欧美各国修路开矿，于是，在美国西海岸的旧金山就有了“一座颇具规模的关帝庙”。同治七年（1868年），中国使团还曾前去进香。

关公信仰，是中华民族传统文化的一面精神旗帜。不管走到哪里，关公的精神都在提醒我们，忠爱你的民族，因为你的身体里始终有着中华民族固有的血脉。

日本神户关帝庙
朱正明　摄

图书在版编目（C I P）数据

关公 / 马光亭编著 ； 黄景春本辑主编. -- 哈尔滨 ： 黑龙江少年儿童出版社，2021.10（2022.7 重印）
（记住乡愁 ： 留给孩子们的中国民俗文化 / 刘魁立主编. 第十辑，民间信俗辑）
ISBN 978-7-5319-7327-0

Ⅰ. ①关… Ⅱ. ①马… ②黄… Ⅲ. ①关羽（160-219）－信仰－民间文化－中国－青少年读物 Ⅳ. ①B933-49

中国版本图书馆CIP数据核字(2021)第197563号

记住乡愁——留给孩子们的中国民俗文化

第十辑 民间信俗辑

关公 GUANGONG

刘魁立◎主编

黄景春◎本辑主编

马光亭◎编著

出 版 人：张　磊
项目策划：张立新　刘伟波
项目统筹：华　汉
责任编辑：高　彦
整体设计：文思天纵
责任印制：李　妍　王　刚
出版发行：黑龙江少年儿童出版社
（黑龙江省哈尔滨市南岗区宣庆小区8号楼 150090）
网　　址：www.lsbook.com.cn
经　　销：全国新华书店
印　　装：北京一鑫印务有限责任公司
开　　本：787 mm×1092 mm　1/16
印　　张：5
字　　数：50千
书　　号：ISBN 978-7-5319-7327-0
版　　次：2021年10月第1版
印　　次：2022年7月第3次印刷
定　　价：35.00元